LETTRE A M. LE VICOMTE LE ROUGÉ

SUR LES

FOUILLES DE TANIS

PAR

M. AUGUSTE MARIETTE

PARIS

AUX BUREAUX DE LA *REVUE ARCHÉOLOGIQUE*

LIBRAIRIE ACADÉMIQUE — DIDIER et Cᵉ

QUAI DES AUGUSTINS, 35

1864

SPHINX DE TANIS.
d'après un dessin envoyé par M. A. Mariette

SPHINX DE TANIS.
d'après un dessin envoyé par M. A. Mariette.

LETTRE DE M. AUG. MARIETTE A M. LE VICOMTE DE ROUGÉ

SUR LES

FOUILLES DE TANIS

Du Caire, 20 décembre 1860.

Monsieur,

Ma deuxième tournée dans le Delta, et particulièrement dans l'est de la Basse-Égypte, vient de s'achever et je rentre au Caire laissant derrière moi des ateliers qui ont fonctionné déjà, ou qui fonctionnent encore, sur les sept points suivants : Saïs, Tanis, Thmuis, Cynopolis, Bubastis, Athribis et Héliopolis.

Mon intention n'est pas de vous présenter ici le résumé de ces fouilles. Quelques-unes d'entre elles sont à peine ébauchées et ne laissent soupçonner encore aucun des traits de la physionomie définitive que le cours des travaux leur fera prendre. D'un autre côté, je vous avouerai que les préparatifs d'une nouvelle et très-prochaine expédition dans la Haute-Égypte absorbent mon temps presque entier, et ne m'ont pas laissé jusqu'ici la possibilité de réunir et de mettre en ordre les notes diverses que je rapporte de mes derniers voyages. Je crois donc convenable de ne point vous parler encore de l'exploration de la Basse-Égypte, et je réserverai pour le moment où cette exploration sera plus mûre les détails propres à vous faire connaître les résultats qu'elle nous aura laissés entre les mains.

Je ne résiste cependant pas au désir de vous dire quelques mots des travaux commencés sur l'emplacement de la plus intéressante des villes mentionnées plus haut : je veux parler de Tanis. Là, dès le début, les fouilles ont pris une direction heureuse. Je suis loin de prétendre que les ruines de Tanis n'aient plus rien à nous apprendre, et que nous soyons dès à présent en possession de tous les secrets

qu'elles conservent. Mais ceux de ces secrets qu'elles nous ont déjà
livrés ne sont pas indignes de votre attention. Vous allez en juger.

Avant tout permettez-moi, Monsieur, de rappeler brièvement les
termes du problème que les fouilles de Tanis sont appelées à résoudre. En mettant ainsi en évidence notre point de départ, nous aurons
ensuite une plus juste idée, et de la route que nous venons de par-
courir, et de celle qu'il nous reste à faire.

Le dépouillement des noms géographiques inscrits sur les monuments égyptiens a révélé à Champollion un nom de ville qui s'écrit
le plus souvent 〔glyphes〕 ou 〔glyphes〕, sans aucun complément
phonétique (1). La statue sur laquelle ce nom jusqu'alors inconnu
était inscrit provenait de Sân, village qui succède à l'ancienne Tanis,
et nous ne savons pas si ce simple fait suffit à Champollion pour assi-
miler le nom hiéroglyphique que je viens de transcrire au nom de
la ville que les Grecs ont appelée Tanis, ou si l'illustre auteur de la
Grammaire avait trouvé quelque lecture qu'il ne nous a pas fait
connaître. Quoi qu'il en soit, l'assimilation de Champollion, si certaine qu'elle ait été pour lui, attendait des preuves vraiment philologiques, quand vous avez fait remarquer, Monsieur, qu'un titre
porté par quelques fonctionnaires, celui de 〔glyphes〕,
Ka tan, donnait précisément à la *jambe* 〔glyphe〕 la prononciation *tan* (2).
Or *tan* est sans contestation le type de nom géographique que les
Hébreux ont rendu par צֹעַן, et les Coptes par ϪⲀⲚⲒ, en em-
ployant des articulations exactement correspondantes; mais il est
aussi celui de l'arabe صان, et même du nom propre que les Grecs,
faute d'une lettre de leur alphabet capable de reproduire le son du
〔glyphe〕 égyptien, ont écrit TAN-IS. De l'ensemble de ces faits il résulte
donc que *Tsoan* de l'hébreu, *Djani* du copte et *Tanis* du grec sont une
seule et même ville, et que le *Tan* des Égyptiens conserve encore
son nom antique dans celui du village arabe situé aux pieds de ses
ruines. Par conséquent Champollion avait raison, et le nom de la
ville écrit dans les textes hiéroglyphiques par la *jambe* est bien celui
de Tanis.

(1) *Dictionnaire égyptien*, p. 146.
(2) *Revue archéologique*, t. IV, p. 495.

Plus tard, une révélation imprévue, venue encore cette fois de vous (1), fit prendre à la question une tournure nouvelle. Vous remarquâtes en effet que le papyrus Sallier N° 1 écrit le nom de Tanis, non pas [hiéroglyphes] seulement, ni même [hiéroglyphes], mais bien [hiéroglyphes], nom dans lequel la *jambe* [hiéroglyphe] a cette fois pour prononciation le mot *ha-ouar*, c'est-à-dire *Avaris*. D'après cet exemple, Tanis et Avaris seraient donc deux noms appartenant à la même ville, et en définitive les fouilles qui se font à Tanis seraient ainsi des fouilles qui offriraient tout l'attrait de travaux exécutés sur l'emplacement d'Avaris elle-même.

Cette dernière remarque pose le problème dans ses véritables termes. A en croire Manéthon, s'il fut jamais une époque désastreuse pour l'Égypte, ce fut celle de l'invasion de ces peuples *sans gloire* qu'il appelle des Hycsos ou des Pasteurs. Ceux-ci s'emparèrent de l'Égypte, soumirent ceux qui y régnaient, mirent le feu dans les villes, dévastèrent les temples, massacrèrent les habitants, et finalement s'établirent à l'orient de la branche Bubastique du Nil, dans une ville appelée, *d'après une vieille légende*, Avaris. Selon l'historien national, cette occupation funeste ne dura pas moins de 511 ans, après lesquels certains rois de la Haute-Égypte se soulevèrent et purgèrent le pays de ces étrangers dévastateurs. Le papyrus Sallier N° 1, dont j'ai déjà parlé, contient sur cette époque des renseignements qui ne sont pas moins précieux. J'emprunte à M. Brugsch sa traduction (2) : « Il arriva, dit le papyrus, que le pays d'Égypte « tomba aux mains des ennemis, et personne ne fut roi (du pays en- « tier) à l'époque où cela arriva. Et voici que le roi Ra-seqenen fut « seulement un *haq* de la Haute-Égypte. Les ennemis étaient dans « la forteresse du soleil (Héliopolis), et leur chef Ra-Apepi-as (le « papyrus porte seulement *Apepi*) à Avaris. ..... Le roi Ra-Apepi-as « se choisit le dieu Soutech comme seigneur et ne fut pas serviteur « d'aucun autre dieu existant dans le pays entier..... Il lui bâtit un « temple en bon travail durant à toujours. » La nature des desiderata que les fouilles de Sân sont appelées à combler ressort de ce simple aperçu. Puisque Sân a succédé à la ville qui fut tout à la fois Avaris et Tanis, ce qu'il faudra chercher dans les ruines qui couronnent ce village, ce sera donc, avant toute autre chose, le souvenir des rois

---

(1) *Athœneum français*, 1854, p. 532.

(2) *Histoire d'Égypte*, 1re partie, pag. 78. Cette traduction a été faite par M. Brugsch sur les communications qui lui ont été faites par M. de Rougé.

Pasteurs; ce sera le dieu Sutekh et les restes du temple bâti en son honneur; ce sera l'époque de l'arrivée de ces conquérants et celle de leur expulsion; ce sera enfin les traces de la civilisation qu'ils avaient adoptée pendant les cinq siècles de leur domination sur les bords du Nil. Tel est en résumé, Monsieur, le problème dont les fouilles de Sân ont à nous fournir la solution.

Nous allons voir maintenant jusqu'à quel point ces mêmes fouilles nous ont permis de nous avancer.

Je n'ai presque rien à vous dire des monuments qu'on trouve à la surface du sol en arrivant sur l'emplacement de Tanis, et qui ont été si complétement décrits par les auteurs du grand ouvrage de la Commission d'Égypte (1). Il semble que cette ville ait dû, soit à sa position, soit à quelque cause politique qu'il ne serait pas impossible d'expliquer, d'avoir fixé l'attention de Ramsès II; et effectivement les légendes de ce roi s'y rencontrent en quelque sorte sous chacun de vos pas. Comme vous le pensez bien, toutes ces légendes ont trait aux propres victoires de Ramsès, et dès lors il est impossible qu'il y soit question des Pasteurs, ou du moins des Pasteurs à l'époque de leur lutte contre Amosis. Les Rotennou, les Schasou, les Nègres, les Couschites, sont des peuples que les textes de Tanis nous montrent soumis aux armes victorieuses de Ramsès; mais les vieux ennemis d'Ahmès, les *Mena*, les vaincus d'Avaris ne sont même pas nommés, et nous devions nous y attendre. — Une formule qui paraît surtout appartenir aux textes rédigés pour les monuments de Tanis nous rapproche cependant de la question, et nous fait voir que, même sous Ramsès II, Tanis était une ville dont le nom, plus que tout autre, était lié au souvenir des Pasteurs. Consultez en effet les inscriptions en nombre assez grand qui y rappellent les titres de Ramsès II, et vous trouverez que presque à chaque ligne Ramsès y fait intervenir,

non pas le dieu   *Set*, dont le père de ce même Ramsès porta le

nom, mais le dieu   *Sutekh* lui-même, le dieu Hycsos par excellence, comme nous le savons par le papyrus Sallier et comme d'autres monuments vont nous l'apprendre. Je n'ignore pas que Sutekh fut aussi le dieu des Khétas et que Ramsès II, après des combats où il illustra sa bravoure, fit alliance à la fois et avec ces Khétas et avec leur divinité principale. Mais si Ramsès choisit Tanis pour écrire sur

(1) *Description de l'Égypte*, A. D., t. V, p. 99, article de M. Cordier.

chacun des murs du temple qu'il y élevait le nom du dieu dont il faisait adoption, c'est que déjà Sutekh avait en quelque sorte droit d'entrée dans ce temple, et que peut-être d'ailleurs (ce que j'essayerai de montrer bientôt) Avaris, après les victoires d'Ahmès, avait conservé une population presque entièrement sémitique qui, mieux qu'une autre, devait être la gardienne des autels du dieu asiatique. Les débris de Tanis qui, à première vue, semblent dérouter l'explorateur, finissent donc par laisser percer une partie de leur vrai caractère, et quelques moments d'attention suffisent pour constater que, sous Ramsès II, le nom des Hycsos n'y était point encore définitivement oublié.

J'avoue que ces preuves de l'occupation de Tanis par les Hycsos n'ont qu'une valeur relative, et quant à moi, je déclare qu'elles ne me satisfont point. Les fouilles ont été heureusement plus précises et apportent à la discussion quelques monuments dont l'autorité ne peut pas être aussi facilement récusée.

Au nombre de ces monuments, je mettrai une statue qui, sans être entièrement nouvelle, appartient cependant à nos derniers travaux. C'est une statue de granit gris, que les travaux des fellahs avaient mise au jour il y a une quarantaine d'années, que Burton avait vue et copiée en 1828 (1), et qui depuis lors ne vivait plus dans le souvenir des savants que par tradition, puisqu'elle avait été de nouveau ensevelie et pour ainsi dire perdue. Ce monument est de grandeur colossale et représente un pharaon assis. Il a 3ᵐ,70 de hauteur, juste comme le Sévekhotep du Louvre, et je ne connais pas de statue qui par ses dimensions, par le ton général de la sculpture, par le genre des mutilations qu'il a subies (le nez et les lèvres semblent avoir été plutôt écrasés qu'abattus), rappelle aussi complétement le précieux morceau dont je viens de parler. Les légendes de ce beau pendant de votre Sévekhotep n'ont pas moins d'intérêt. Elles sont de trois sortes. Les premières sont du temps de l'érection même de la statue. Elles occupent, selon l'usage, les deux faces antérieures du siége à droite et à gauche des jambes, et sont la reproduction des cartouches d'un roi dont le nom propre a disparu avec une fracture de la pierre, et

dont le prénom se lit : ⟦cartouche⟧ *Ra-smenkh-ka*. La seconde légende est gravée en caractères peu profonds sur l'épaule droite. Je

____

(1) Excerpta hieroglyphica, pl. 30, nᵒˢ 1 et 7.

vous en envoie le fac-simile (1). Le prénom est difficile à reconnaître;

mais le nom se lit sans hésitation 〔 ☉ 〕 *Apapi*,

l'Apophis de Manéthon, et le texte entier se traduit : *Sutekh! le dieu bienfaisant, soleil.... le fils du soleil, Apapi, doué de la vie éternelle.* Enfin la troisième inscription est celle qui occupe le dossier du siége. Elle est disposée en quatre lignes verticales, et on n'y reconnaît pas autre chose que la légende quatre fois répétée du grand Ramsès. Telle est cette fameuse statue de Tanis que ni M. Lepsius, ni M. Brugsch n'ont connue et appréciée, et que cependant vous regarderez avec moi, Monsieur, comme l'un des plus précieux débris de l'antiquité pharaonique. Que nous apprend en effet l'enchaînement des diverses inscriptions que je viens d'énumérer? Il n'est pas un égyptologue qui, à la vue du monument, n'en fasse remonter l'origine à l'un des rois antérieurs à la dix-huitième dynastie, et postérieurs à la douzième (2). Quel qu'ait été son nom propre, Ra-smenkh-ka est de la famille de ces souverains dont la liste occupe le côté droit de la salle des Ancêtres, et que le papyrus de Turin fait marcher à la suite de la douzième dynastie. Ra-smenkh-ka est donc tout au moins l'un des contemporains des Nofré-hotep et des Sévekhotep, s'il n'est pas un de leurs successeurs, comme je le crois. Or, au moment où ce roi s'érigeait à lui-même une statue de granit dans le temple de Tanis, les Pasteurs s'étaient-ils déjà emparés de l'Égypte, en avaient-ils massacré les habitants, avaient-ils chassé les prêtres du temple? Assurément non. En vain M. Lepsius, tenté sans doute par le Smendès de Manéthon, fera-t-il de Ra-smenkh-ka un roi de la vingt et unième dynastie, ce qui est impossible puisque la

---

(1) Voyez pl. II et le *fac-simile* ci-dessus.

(2) Il y a un *Ra-smen-ka* au papyrus de Turin après la douzième dynastie, et non un *Ra-smenkh-ka*. Du reste je serais tenté de croire que la statue de Sévekhotep au Louvre est le pendant de la statue de Ra-smenkh-ka et qu'elle vient de Sân comme elle; je dois dire cependant que la statue de Ra-smenkh-ka me paraît postérieure à l'autre. J'ai eu des renseignements précis sur les objets découverts à Sân par Salt; mais je ne puis rien affirmer en ce qui regarde les monuments enlevés par Rifaut,

statue, chose plus étonnante encore, serait alors du temps du Pasteur Apophis (1); en vain M. Brugsch range-t-il cette même statue parmi celles qui représentent Ramsès II (2), toutes ces obscurités, nées de l'état d'enfouissement dans lequel le monument s'est trouvé depuis Burton n'empêcheront pas que la statue de Tanis ne soit de la treizième dynastie, ou de la quatorzième, en même temps qu'elle est antérieure aux Pasteurs. Les Pasteurs ne se sont donc pas emparé de l'Égypte, comme le veulent M. Bunsen et M. Lepsius, immédiatement après la fin de la douzième dynastie, et il faut admettre comme certain qu'après cette douzième dynastie il y eut encore toute une suite de rois qui régnèrent sur la Haute et sur la Basse-Égypte avant l'invasion des Hycsos. D'ailleurs, un monument que vous possédez au Louvre plaide en faveur de cette même cause. C'est la statue de moyenne dimension qui représente Sévekhotep III, et qui, selon les notes que j'ai recueillies tant à Sân qu'à Damiette, a fait partie du convoi qui a emporté pour M. Salt, à travers le lac Menzaleh, le beau sphinx de Ramsès II qui figure aussi au Louvre à l'extrémité sud de la salle Henri IV (3). Le système que vous avez défendu jusqu'ici, Monsieur, et que je défends après vous, reçoit donc des statues de Ra-smenkh-ka et de Sévekhotep un éclatant appui. Évidemment si, dès la fin de la douzième dynastie, les Pasteurs s'étaient établis à Avaris, des rois vaincus et proscrits comme Sévekhotep et Ra-smenkh-ka ne se seraient pas dressé des statues dans le temple de cette ville, et il me paraît ainsi hors de doute que la chronologie doit désormais placer les 511 ans des Pasteurs entre le commencement de la dix-huitième dynastie et une série de rois qui mènent très-vraisemblablement les listes royales jusqu'à la fin de la quatorzième. — Quant à la légende du roi Hycsos Apophis, gravée sur l'épaule droite de notre Ra-smenkh-ka, je n'ai certes pas besoin de vous faire remarquer la lumière inattendue qu'elle vient jeter sur la nature et le caractère de la conquête de l'Égypte par les Pasteurs. En effet, si les Pasteurs ont été les farouches vainqueurs que Manéthon nous dépeint, s'ils ont

l'agent de M. Drovetti. Les fellahs de Sân parlent d'une statue colossale de granit rose, brisée au milieu du torse, et transportée par Rifaut à Alexandrie. Serait-ce le colosse du Louvre? On verra plus bas que je n'ai pas les mêmes doutes sur l'origine de la petite statue de Sévekhotep, également conservée au Louvre.

(1) *Koenigsbuch*, taf. XLIII, n° 561.

(2) *Histoire d'Égypte*, 1re partie, p. 79.

(3) A, 21. La statue de Sévekhotep est notée dans le livret du Louvre A, 17. Voyez aussi Champollion, *Rapport au duc de Doudeauville sur une collection achetée à Livourne*, p. 19.

incendié les villes et ravagé les temples, ils auront aussi mutilé et brisé les statues de ces rois sur le trône desquels la violence venait de les faire asseoir. Or, c'est précisément ce qu'au témoignage de la statue de Ra-smenkh-ka ils n'ont point fait, car la statue est tout aussi complète que celle de Sévekhotep, et Apophis n'aurait pas orné de son double cartouche un monument couché par terre. Notez en outre, Monsieur, que ces hommes *sans gloire* se servaient de l'écriture hiéroglyphique. Les prêtres n'avaient donc pas tous été massacrés, et les temples d'Avaris entretenaient certainement des colléges sacerdotaux qui s'étaient ralliés au nouveau pouvoir. Sutekh, à la vérité, était le dieu de ces conquérants; mais Apophis, dans la légende reproduite plus haut, compose son cartouche-prénom à la manière des antiques souverains de l'Égypte, c'est-à-dire qu'il s'identifie au dieu Soleil en lui empruntant l'un de ses attributs; bien plus, il s'appelle fils du Soleil lui-même, ce qui ne me paraît pas la marque d'une persécution bien acharnée exercée contre les dieux de l'Égypte. D'ailleurs je vous demande le moyen d'employer l'écriture hiéroglyphique, et de ne pas sacrifier en même temps aux idées, et surtout aux idées religieuses, dont cette écriture est l'expression. En somme, nous sommes donc amenés à penser que les Pasteurs ont été trop sévèrement jugés. Qu'au moment même de l'invasion, Salatis, le premier de ces rois Hycsos, ait commis quelques cruautés, c'est ce qui est bien probable. Mais n'oublions pas que non-seulement Salatis n'a pas brisé les statues de ceux qu'il détrônait, mais encore qu'il n'a pas même infligé à leurs noms la flétrissure du martelage. Faites des Hycsos un peuple de barbares qui se serait établi sur des ruines, et vous n'expliquerez pas la présence à Avaris de figures égytiennes de la treizième dynastie intactes comme au premier jour, et jugées dignes par ces mêmes Hycsos de recevoir les noms de leurs rois. Les annales égyptiennes, en évoquant le souvenir des Pasteurs, me semblent donc ne s'être rappelé que les persécutions inséparables de toute conquête à main armée; et pour en revenir à la statue de Ra-smenkh-ka, j'affirmerais en présence de ce seul monument que le temple de Sutekh, bâti par Apophis, fut orné et enrichi des images de ces pharaons dont les Pasteurs sont accusés d'avoir anéanti jusqu'au souvenir.

L'énumération des découvertes faites à Sân nous amène maintenant, Monsieur, à des monuments du plus haut intérêt, je veux parler de quatre sphinx trouvés au centre de l'avenue qui conduit au sanctuaire du temple. Jetez les yeux sur les dessins que je vous envoie (planches I et II), et vous serez frappé du style qui caractérise ces

quatre sphinx. Le ciseau habile qui a sculpté le corps peut sans aucun doute avoir été celui d'un artiste égyptien ; mais je n'oserais pas
en dire autant de la main qui a modelé la face avec une énergie si
particulière. Les sphinx d'origine égyptienne frappent surtout par
leur tranquille majesté. Les têtes sont le plus souvent des portraits,
et cependant l'œil est toujours calme et bien ouvert, la bouche toujours souriante, les lignes du visage toujours arrondies ; surtout
remarquez que les sphinx égyptiens n'abandonnent presque jamais
la grande coiffure aux ailes évasées qui se marie si bien à l'ensemble
paisible du monument. Ici vous êtes loin de reconnaître ce type. La
tête des sphinx de Sân est d'un art auquel je ne saurais véritablement
rien comparer. Les yeux sont petits, le nez est vigoureux et arqué
en même temps que plat, les joues sont grosses en même temps
qu'osseuses, le menton est saillant, et la bouche se fait remarquer
par la manière dont elle s'abaisse aux extrémités. L'ensemble du
visage se ressent de la rudesse des traits qui le composent, et la cri-
nière touffue qui encadre la tête dans laquelle celle-ci semble s'en-
foncer donne au monument un aspect plus remarquable encore. A
voir ces figures étranges, on devine donc qu'on a sous les yeux les
produits d'un art qui n'est pas purement égyptien, mais qui n'est
pas non plus exclusivement étranger, et l'on en conclut déjà que les
sphinx d'Avaris pourraient bien offrir cet immense intérêt d'être du
temps des Hycsos eux-mêmes. — Je me hâte d'ajouter que les légendes
dont les quatre sphinx ont été pourvus tranchent d'une manière définitive cette importante question. Je ne parle pas, bien entendu, des
cartouches de Ramsès II et de Ménephtah (1), qui ne confirment que
les usurpations de ces rois ; mais voyez sur les épaules droites de
chacune de nos quatre figures symboliques les inscriptions martelées
qui y ont été gravées. Sutekh s'y retrouve en tête, puis le titre de
le Dieu bienfaisant, puis les cartouches illisibles du roi, et le tout
rappelle si bien, par la manière dont les inscriptions sont posées, par
la longueur des lignes, par le style des hiéroglyphes qui restent, la
légende d'Apophis sur le colosse de Ra-smenkh-ka, qu'on n'hésite
pas à lire cette même légende sur les nouveaux monuments. J'avais
donc raison d'appeler votre attention sur les sphinx d'Avaris. Non-
seulement ils appartiennent à l'époque de la domination des Pasteurs
en Égypte, mais ils sont les produits de la civilisation de ces conqué-

(1) Les bases sont gravées tantôt au nom de Ramsès, tantôt au nom de Ménephtah. Les cartouches de ce dernier roi apparaissent seuls sur les épaules. Un Psusennès
de la vingt et unième dynastie a profité de l'espace laissé libre sur la poitrine et entre
les pattes pour y mettre son prénom.

rants, en même temps que la révélation d'un art dont nous ne possédons aucun autre échantillon. Selon le papyrus Sallier, Apophis éleva un temple à Sutekh. Je ne doute pas que nos sphinx ne soient dus à la piété de ce roi envers le dieu de sa nation, et s'il était permis, en présence des monuments offerts à nos études, de refaire par la pensée l'enceinte sacrée que ces monuments étaient destinés à embellir, je verrais dans le temple de Sutekh à Avaris, et peut-être dans toutes les constructions de l'Égypte dues aux Pasteurs, des édifices où les hiéroglyphes régnaient probablement sans partage, et où l'architecture égyptienne dominait, modifiée cependant par un certain mélange de goût asiatique.

Cette appréciation des nouvelles acquisitions que nous devons aux fouilles de Sân ne serait pas complète si je n'y ajoutais une observation qui tendrait à nous faire abandonner quelques-unes de nos idées sur l'expulsion définitive des Hycsos et le départ de ces étrangers à la suite des luttes qui illustrèrent le premier règne de la dix-huitième dynastie. L'observation en elle-même n'est pas nouvelle; mais la découverte de Sân lui fait acquérir une importance subite dont vous allez juger.

Il n'est pas un voyageur qui n'ait été frappé du type étranger qui caractérise les populations des villages répandus dans toute la partie nord-est du Delta, et particulièrement aux environs du lac Menzaleh. Le fellah égyptien est grand, svelte, léger dans sa démarche; il a les yeux ouverts et vifs, le nez petit et droit, la bouche bien dessinée et souriante; la marque de la race est surtout chez ce peuple dans l'ampleur du torse, la maigreur des jambes, et le peu de développement des hanches. Les habitants de Sân, de Matarieh, de Menzaleh et des autres villages environnants ont un aspect tout différent, et dès le premier abord dépaysent en quelque sorte l'observateur. Ils sont de haute taille, quoique trapus; leur dos est toujours un peu voûté, et ce qui les fait remarquer avant tout, c'est la robuste construction de leurs jambes. Quant à la tête, elle accuse un type sémitique prononcé, et ce n'est pas sans surprise que l'on y reconnaît les visages des quatre sphinx que Tanis vient de nous faire retrouver au milieu de ses ruines (1). Les conséquences de ce fait se déduisent elles-mêmes. Puisque ces Pasteurs sont encore en Égypte, c'est que la guerre entreprise par Amosis ne se termina point par l'expulsion radicale des vaincus. Les Sémites qui, depuis plus de cinq siècles, habitaient le

____

(1) Voyez sur cette question Wilkinson, *Modern Egypt and Thebes*, t. I, p. 409; *Bulletin de l'Institut égyptien*, n° 3, p. 36, 37, 41 et 42.

nord de l'Égypte, avaient fini par devenir les habitants des bords du
Nil, et une transaction consentie après la paix permit sans doute au
fonds de la population de ne pas quitter les lieux qu'elle occupait.

Tels sont, Monsieur, avec l'énumération des ressources principales
qu'ils nous apportent, les quatre sphinx dont les fouilles de Sân ont
enrichi la science. Je me tromperais certainement si je vous disais
qu'il n'y a rien à leur comparer dans la collection qui doit former le
musée du Caire. Cependant, par leur rareté, par leurs dimensions
(ils ont 2^m,50 de longueur sur 1^m,50 de hauteur), par leur fécondité
dans les renseignements qu'ils nous procurent, les monuments de Sân
ne le cèdent en importance qu'à bien peu de ceux que les autres
fouilles nous ont livrés. Surtout remarquez qu'à la rigueur ils peuvent revendiquer une origine presqu'à nulle autre pareille. Si en
effet, comme tout le fait supposer, Apophis est le pharaon de la Genèse, c'est Apophis qui aurait élevé Joseph au rang de ministre.
« Quand vous ouvrirez la bouche pour commander, dit le roi, tout
« le peuple vous obéira, et je n'aurai au-dessus de vous que le trône
« et la qualité de roi..... Je vous établis aujourd'hui pour commander
« à toute l'Égypte... et nul ne remuera le pied ni la main dans le
« pays que par votre commandement (1). » Les sphinx de Tanis,
contemporains de Joseph, auraient-ils cet insigne honneur de
remonter jusqu'au fils de Jacob, qui en aurait ordonné l'exécution?

J'arrive, Monsieur, à la fin de cette lettre, et je ne puis m'empêcher
de revenir un instant sur mes pas pour vous faire apprécier, à un
point de vue général, l'ensemble des premières découvertes dues aux
fouilles de Sân. Et d'abord vous remarquerez que la philologie elle-
même n'est pas sans avoir sa petite part de triomphe dans ces découvertes. C'est déjà quelque chose en effet de savoir que là où,
conduit par de simples déductions philologiques, vous aviez placé le
siége d'Avaris, l'examen des lieux m'ait fait retrouver des monuments qui ne peuvent appartenir qu'à la capitale des Hycsos, puisqu'on chercherait en vain dans la Basse-Égypte tout entière des
ruines qui rappellent avec plus de persistance et le nom des rois
Pasteurs, et celui de leur dieu Sutekh. Que maintenant, selon vos
prévisions, Tanis ait été la même ville qu'Avaris, c'est ce dont on ne
peut plus douter. Avaris, qui n'a aucune racine dans les langues sémitiques, a dû être le nom national et antique de la ville, celui que

les vrais Égyptiens prononçaient quand ils lisaient le groupe ⟩⊕,

---

(1) *Genèse*, ch. XLI.

et le témoignage de Manéthon semble en faire foi (1). Au contraire
Tanis apparaît comme un nom sémitique, introduit peut-être par les
Pasteurs. Les populations sémitiques qui, même après Ahmès, ont
continué de vivre à Tanis, auront conservé ce nom que la Bible
devait naturellement préférer à l'autre et faire connaître au monde.
Si vous n'aviez pas lu le groupe de *la jambe* Ha-ouar, les seuls monuments que j'ai trouvés m'auraient donc forcé déjà à voir dans Sân le
village qui occupe la place de l'ancienne capitale des Pasteurs, c'est-
à-dire d'Avaris. — Quant à l'histoire, elle n'a pas moins à se réjouir
des résultats obtenus dans les premiers jours de nos recherches au
sein des monticules de Sân. Les faits en présence desquels ces recherches nous amènent appartiennent à trois périodes : l'arrivée des
Pasteurs, leur séjour en Égypte, et leur départ. Sur le premier point,
je n'ai rien à ajouter aux explications que j'ai données plus haut, et
il faut que la chronologie s'arrange désormais pour laisser à l'empire
égyptien son unité, tout au moins sous les rois de la treizième dynastie. — Le second point a acquis par les découvertes de Sân un peu
de la précision qui lui avait manqué jusqu'ici, et que le papyrus
Sallier lui-même ne lui donnait point. En disant que la conquête des
Hycsos ne fut guère plus désastreuse pour les monuments de l'Égypte
que ne le fut plus tard celle de Cambyse, par exemple, j'étonnerai
sans doute les personnes qui se sont habituées à voir dans les Hycsos
des hommes de rapine, sans songer qu'avant les statues d'Avaris
nous avions les pyramides, le temple d'Armachis à Gyzeh, l'obé-
lisque d'Héliopolis, et les mille tombeaux qui peuplent la montagne
libyque de Beni-Hassan à Abou-roasch. Mais le fait en lui-même
n'en est pas moins certain. Si les Pasteurs, à leur arrivée dans les
plaines fertiles du Delta, ont dépouillé quelques temples, on doit
convenir que ces vengeances n'allèrent pas bien loin. Une soudaine
irruption de barbares, comme le dit Manéthon, aurait fait table rase
de tous les monuments entiers, surtout dans les villes qu'occupèrent
les Hycsos. Or voilà précisément ce qui ne s'est pas rencontré. C'est
avec raison que nous accuserions le roi Horus de dévastations,
puisqu'il a anéanti les souvenirs des usurpateurs de la dix-huitième
dynastie, renversé leurs temples, brisé leurs statues, violé leurs
tombeaux ; mais nous n'avons pas ce même droit envers les Pasteurs,
alors qu'à Avaris nous recevons de leurs propres mains les statues
des rois qu'ils avaient chassés. La conquête des Pasteurs ne fut donc

____

(1) ...... (πόλιν) καλουμένην δ' ἀπὸ τινος ἀρχαίας θεολογίας Αὔαριν (Josèphe, *cont.
Apionem*, lib. I, cap. xiv-xvi).

pas un fléau aussi terrible qu'on se l'était imaginé, et pour ma part je
pense qu'il y a quelque chose à rabattre dans les renseignements que
les annales égyptiennes nous ont transmis sur l'arrivée de ces Asia-
tiques. — J'en trouve du reste une autre preuve dans la tolérance
des vainqueurs envers la religion du pays conquis. Sutekh, il est
vrai, régna en maître dans les temples; mais je suis convaincu que
les dieux de l'Égypte y eurent également accès. D'un autre côté,
veuillez remarquer, Monsieur, que comme Joseph fut ministre
d'Apophis, il résulterait du titre accordé au fils de Jacob, celui de
Psontomphanec, lequel n'est pas sémitique, que l'égyptien était la
langue officielle de la cour des Pasteurs. En résumé, les sphinx de
Sân et la statue de Ra-smenkh-ka me semblent donc se réunir pour
mettre de plus en plus en évidence cette donnée importante : que
les Pasteurs inaugurèrent, sans cependant l'embrasser jusqu'à ses
limites extrêmes, la politique qui fut plus tard celle des Éthiopiens,
des Perses et des Grecs, et que par calcul, sinon par sympathie, ils
se crurent obligés de respecter et de protéger les arts, la religion et
la langue des vaincus. — Les monuments de Sân ne nous font malheureusement pas encore sortir des suppositions en ce qui regarde
notre troisième point : le départ des Hycsos. C'est Raskenen qui,
selon le papyrus Sallier, aurait eu l'honneur de commencer la lutte,
et je ne doute pas que ce soit Amosis qui l'ait terminée. La remarque
faite par vous déjà bien des fois donne à cette opinion une force irré-
sistible, et effectivement, les premiers rois de la dix-huitième dynastie poussèrent leurs conquêtes si loin dans l'Asie qu'il est impossible que de leur temps les Pasteurs aient encore occupé en souverains
le nord de l'Égypte. Quant au motif de la guerre, il est facile de le
pressentir. Le papyrus donne à la contestation qui s'éleva entre
Raskenen et Apophis une cause religieuse, probablement les hon-
neurs excessifs rendus à Sutekh, à l'exclusion de tout autre dieu. Ce
motif a certes sa valeur; mais j'aime mieux voir Amosis combattant
avant tout pour l'unité de l'Égypte et l'expulsion des étrangers du
sol national. Les souvenirs de l'antique monarchie égyptienne, si
puissante sous les Amenemhé, devaient exciter le courage de ce roi
égyptien relégué comme un vaincu dans la Haute-Égypte, et il est
probable qu'Ahmès revendiqua son droit sur Avaris avec une ardeur
d'autant plus grande, que derrière ces murailles dont il faisait le
siége il pouvait voir les images de ses propres ancêtres debout encore
dans les temples comme les maîtres légitimes du pays. La guerre qui,
selon le papyrus, eut son point de départ dans une question religieuse, se continua donc vraisemblablement, selon le témoignage des

monuments, au nom de l'indépendance de l'Égypte, et malheureusement sur ce point, comme sur la date précise de la fin de la lutte, les découvertes de Sân nous laissent livrés aux conjectures. — Mais en revanche elles nous ont révélé un fait qui jette un jour tout nouveau sur l'état politique et religieux du nord de l'Égypte après la dix-septième dynastie. Évidemment quand on rencontre à Tanis, sur des monuments élevés par Ramsès II, le nom du dieu Sutekh, on peut supposer que Ramsès a sacrifié à ce dieu par suite de ses propres alliances avec les Khétas, peuple puissant de l'Asie chez lequel Sutekh était aussi en honneur. Mais ces alliances n'expliquent pas la faveur du dieu asiatique sous Toutmès III, sous Séti Ier, et sous tous les rois qui, instruits par les annales égyptiennes des malheurs et de la honte de l'Égypte sous les Pasteurs, devaient repousser des temples le dieu de ces barbares, loin de lui dresser des autels. Les découvertes de Sân font entrevoir le mot de la question. Elles nous montrent que la guerre entre Amosis et les Pasteurs ne se termina point par l'expulsion radicale des vaincus. Comme je l'ai dit plus haut, cinq siècles d'occupation avaient fini par donner aux Sémites une sorte de droit de se regarder comme des habitants des bords du Nil, et je serais porté à croire que pour les vaincus, ou du moins pour la masse de la population étrangère soumise par les armes d'Amosis au gouvernement national égyptien, la fin de la guerre ne fut qu'un simple changement de dynastie. On peut même supposer que le nouveau gouvernement de l'Égypte ne fut pas trop dur envers les étrangers, et j'en trouve la preuve dans la présence, aux confins du Delta, d'une autre tribu sémitique, celle des Hébreux, qui sous le sceptre des successeurs d'Amosis trouva assez de tranquillité pour s'accroître au point d'en venir à porter ombrage aux souverains du pays. A proprement parler, les Hycsos ne furent donc pas chassés, et cela est si vrai que d'âge en âge cette race vivace, comme toutes les races sémitiques, est arrivée jusqu'à nous au sein de ces lieux mêmes où, il y a 3,500 ans, elle était venue s'établir. Par conséquent, le maintien de Sutekh dans le Panthéon égyptien par des rois qui, en apparence, n'avaient aucun motif de protéger ce dieu, devient un système politique qui avait sa raison d'être : c'était, comme l'adoption des quatre sphinx d'Apophis par Ramsès et Ménephtah, une concesssion faite à la partie de la nation égyptienne qui avait une origine étrangère, plutôt que le résultat de certaines alliances consenties par les pharaons avec des peuples de l'Asie. Quant à Avaris, ce n'est pas trop s'avancer que de supposer, d'après ce qui précède, que cette ville resta sous les pharaons comme un foyer d'étrangers. Avaris, l'ancienne ville égyptienne, devint ainsi Tanis, la ville des Sémites, et l'on remarquera, à l'appui de cette observation, que la famille royale égyptienne au sein de laquelle commencent à se rencontrer les noms propres les plus incontestablement étrangers, est précisément la vingt et unième dynastie, laquelle, selon Manéthon, fut une dynastie tanite. — Resterait cette dernière question à résoudre : Quelle fut la limite extrême de la domination des Pasteurs en Égypte? Mais c'est là un point que les fouilles de Sân ne peuvent éclairer. D'ailleurs rappelez-vous ce que j'ai dit du caractère de cette invasion. Autrefois, quand les Pasteurs passaient pour d'impitoyables destructeurs, il semblait qu'il serait facile de suivre leurs traces dans les ruines qu'ils avaient dû laisser derrière eux, et moi-même, trouvant à Abydos des murs intacts de la douzième dynastie, j'en avais conclu que les Pasteurs n'avaient pas connu Abydos. Mais puisque les Pasteurs n'ont été pour les villes où ils se sont installés que les continuateurs des traditions égyptiennes, l'espoir de réussir à limiter par les ruines l'étendue de leurs conquêtes doit être abandonné, et vous voyez, Monsieur, comment les découvertes de Sân, au milieu des avantages que je viens d'énumérer, ont en même temps l'inconvénient de nous montrer que l'un des moyens dont nous pensions disposer pour arriver à la solution d'un problème intéressant nous échappe à jamais.

J'en ait assez dit pour vous faire apprécier le genre de service que les fouilles de Sân viennent de nous rendre. Sans parler des moyens nouveaux d'investigation que ces fouilles nous mettent entre les mains, il est impossible de ne pas accorder une certaine valeur à ces quatre sphinx, qui, par les inscriptions dont ils sont ornés comme par la précision du ciseau qui les a produits, sont la révélation de toute une époque. N'oubliez pas surtout, Monsieur, qu'une origine illustre doit nous les rendre encore plus précieux, puisqu'il serait facile de prouver, par des procédés avoués de la plus saine critique, que Joseph lui-même ordonna l'exécution de ces sphinx destinés à embellir le temple de la capitale des Pasteurs, où le fils de Jacob commandait en maître. Les fouilles de Sân n'ont donc pas été stériles, et déjà elles ont apporté au musée du Caire des monuments que ne désavoueraient pas nos plus beaux musées d'Europe. Elles sont continuées d'ailleurs avec activité, et si de nouvelles découvertes se font, j'aurai l'honneur de vous en informer. J'espère que ce sera bientôt.

Agréez, Monsieur, etc.

AUG. MARIETTE.

Paris. Typographie de PILLET FILS AÎNÉ, rue des Grands-Augustins, 5.

GROUPE DE STATUES TROUVÉES A TANIS.

(Envoi de M. Mariette)

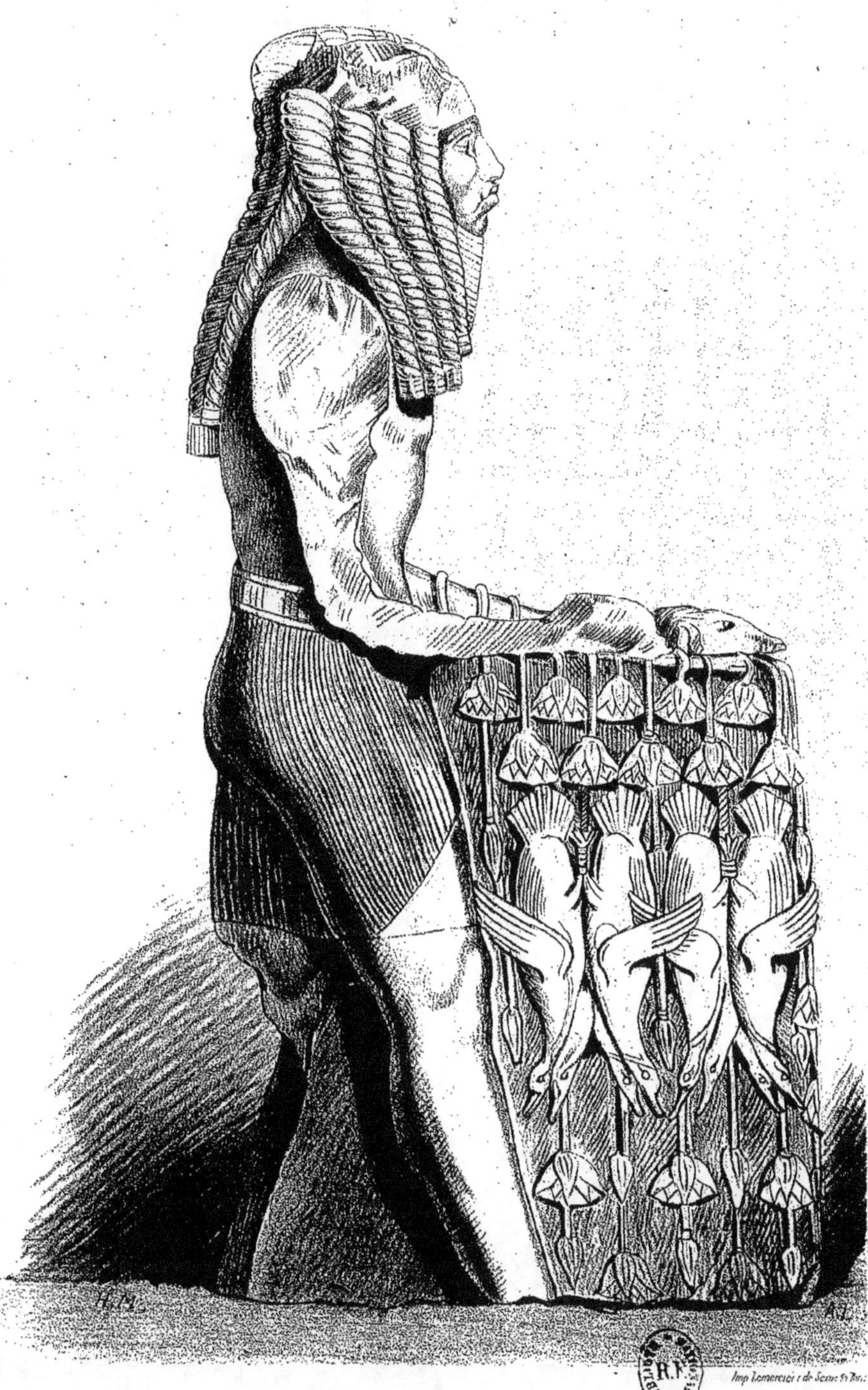

STATUE AVEC LA TÊTE RESTAURÉE.

Envoi de M. Mariette